JN411244

# 바람의 地坪

심지시선 033

바람의 地坪

2017년 3월 29일 초판 1쇄 발행

지은이 오명희
펴낸이 윤영진
편 집 함순례
디자인 한천규
펴낸곳 도서출판 심지
등록 제253호
주소 34623 대전광역시 동구 대전로 867번길 46
전화 042 635 9942
팩스 042 635 9941
전자우편 simji42@hanmail.net


ISBN 978-89-6627-139-9 03810

심지시선 033

# 바람의 지평

오명희 시집

심지

□ 시인의 말

용수천은 내 문학적 고향이다. 잡초도 돌멩이도 바람도 모두 내 시의 양식이다. 자연은 어두운 기억의 뜨락을 밝혀주는 등대였다. 혼자 있어도 늘 내곁엔 시의 곳간이 있었기에 나는 외롭지 않았다. 시를 써온 지 20여년 만에 첫 시집을 내놓으며 부끄러움이 앞선다. 이 시집은 곧 내 삶의 고백이기 때문이다.

2017년 봄

오명희

# 차례

## 제2부 시장 풍경

## 제4부 꽃밭 일기

# 제1부
# 논길을 보다

# 한식날

성미 급한 나무들이
산등을 오른다.
호위하듯 새떼들도 그 뒤를
따른다.
숲 속에 몸을 숨긴
할미꽃 한 쌍, 도란도란
귀를 세우고
묘소 앞의 힘센 돌상은
까맣게 그을린 얼굴로 서 있다.
새들이 허공에 거처를 옮기는 사이
경배하듯
고개를 숙이는 바람들
더는 찾아올 성묘객이 없어
음복 마친 묘지에는
숨죽인
햇무리가 깃든다.

# 청설모가 울지 않는 마을

떠돌이처럼
돌아다니는 바람들
오늘은 마을 어귀로 자리를 옮긴다.
뚜벅뚜벅 마티재에서
내려온 나무들
고청봉 산발치를 지키고
북바위 뒤로 눌러앉은 공터가
스르르 몸을 숨긴다.
콧등 하얀 완행버스가
잠시 멈추어 선 임시 정거장
까칠한 경적소리에 놀라며
낯선 승객 몇을 태운다.
깡마른 하루가
통통하게 살이 오르는 시간
무료한 골짝을 적시던
청설모 울음소리
꼬리를 감춘 적막 속
대낮부터 목화솜 같은 눈송이 매단

허공에 안겨
단잠에 빠져 있던 가로등이
마침내 눈망울 반짝인다.
상념처럼 부푸는
어둠을 씻고 있다.

# 바람의 地坪

그대는
황사 낀 허공의 창
스스로 검푸른 이끼 만들며
하늘만 올려다보는
무의식의 숨결

수시로 말없이 흩어지는
낡은 기억들 찾아
하루에도 수없이
헤매이는 햇살 거둔 들판

외진 길
비로소 어두움 걷히고
초록빛 손 내민 기억들
내 의식에 물보라 일으키며
꽃송이처럼 피어나고

해거름에

몸을 사리는 훍물 배인 사금파리

이제는
그대가 발그레
웃으며 날 찾아와도 또다시
만나지 않을 겁니다.

# 논길을 보다

둥구나무집 그 남자,
손전등을 켜네

실로폰 같은 마을 어귀 논바닥 위에서
귀를 쫑긋 세우고
진흙옷 갈아입은 우렁이들
순례자처럼 말없이
엎드려 있네

언젠가
풀어 놓기 위해 감아둔 나의 하늘빛
낯익은 꿈처럼 천연스레 초승달빛에
감기는 한밤의 침묵

논배미 가득
쏟아놓은 취기 어린 남자의
너털웃음 소리 따라
기쁨 한 움큼 주우며

논길을 내려놓네

둥구나무집 그 남자,
손전등을 끄네

# 겨울 풍경

어둠이 내린다.
가로등 불빛 매단
가드레일 사이로
하얀 눈발들이 몸을
던진다.

굳은 표정의 길들은 돌아누워
눈물을 흘리고
빈 가지마다 피어나는
눈꽃들도 울먹이며
고개를 숙인다.

아직도 바람은
그리움처럼 풀리지 않은
허공의 문고리를 흔들고 있는데
한번도 내색 없던 나무가
내려와 커다란 눈을
껌벅인다.

누군가 버리고 간
텅 빈 간이역엔
희디흰 정적만이
슬픈 기억처럼 쌓여간다.

# 탑제

야윈 석양이
서녘 산줄기에
시름 젖은 외투를 슬며시 벗어놓고
붉은 스카프를 풀고 있다.

비로소
공중 속으로 솟아오르는 풍물소리
마을을 감싼
몇 겹의 어둠 속을
터널처럼 뚫고 있고
드디어 마을 사람들 횃불
밝힌 탑거리로
모여든다.

돌상 위 향불은
꽃몽울처럼 피어오르고
누군가의 호명에 따라
정갈한 모습들

탑할머니* 앞에 선다.

문은 어디쯤 열리고 있는가.

저마다
가슴속에 별빛을
담아 소지공양을 한다.

* 탑할머니: 공주시 반포면 공암리에 있는 돌탑

## 북바위를 아세요?

공주시 반포면 공암리 서쪽
마티재로 향하는 국도를 따라
한평생 양지마을 지켜온 커다란 바위

그 바위는 누구나 두드리면
북을 치는 것처럼 소리가 나서
북바위라 했다는데
그런 연유인지
마을에선 대대 소리꾼이 끊이지 않았다.

몇 해 전 도로공사로
바위는 흔적도 없이 사라졌고
지금은 덩치 큰 건물 하나
묵언처럼 덩그라니 들앉아 있는데

마을엔 더 이상 소리꾼이 없어도
공암리 사람들은
땅속에서 소리를 듣는지
여전히 북바위라 한다네.

# 냉장고

그녀의 몸속엔 아무것도 없다.

워낙 정이 많아 굶주린 사람을 보면
가진 것 다 내주는 여자

종가의 식솔들 거느리고
좀체 쉴 틈이 없어
식욕조차 잃었는지

그녀의 몸속엔 아무것도 없다.

날마다
누구라도 원하면 만남도 잠시
헤어져야 하는 운명이
가슴 아픈지
가금씩 홀로 소리 내어 울 뿐

그녀의 몸속엔 아무것도 없다.

## 모르고

별들이 귀를 세우는
동짓달 긴 밤
싸락눈 내리는 소리가
뒤뜰을 뛰어다녔다.

베란다에 몸을 피한 바람이
슬며시 기어드는
문틈새를 바라보며
딸아이와 함께 먹는 부치미
깊이를 알 수 없이
부풀어 오른 찹쌀전은
목화솜꽃처럼 곱디 고왔다.

긴긴 날 다락방에서 퀭한 속 내보이던
어머니의 손때 묻은 앉은뱅이 소반에
달빛처럼 잘 익은 도둠전을
한껏 부려놓고

힘겨운 세상살이에
텁텁해진 후라이펜을 닦는다.
길 떠난 어머니의 혼령처럼
어두움 하얗게 지는지도
모르고

# 창

한평생
씨뿌릴 산비알을
일구던
돌담집 할아버지가
세상을 떠났다.

그가 남긴
유품은 달랑
금반지와 닳고 닳아
나이테가 사라진 골 깊은
지게, 평생의 유언들이
개구리 울음소리로 풀리는
여름밤.

향연은
숯불에 데인
그리움처럼 아프게
피어오르고

화안한 달빛을 등불 삼아
천릿길을 달려온
혼백.

황급히
창문이 덜컹거리며 열린다.

## 상추쌈

한여름
식욕이 풀리자
말이 없던 텃밭이 옷자락을
잡아당긴다.

불볕에 불그레진 상추잎을
어린 아이 살결인 양
미온의 지하수로 씻기고
잘 익은 빠금장에
까칠한 청양고추 다독여
만드는 쌈장

우리는 어쩌다
환상의 커플이 되었을까.

비알진 그리움처럼
가뭄에도 웃자라
더욱 상큼한 잎새들

하얗게 핀 밥풀꽃을
보쌈해 간다.

어둠의 낱장에 싸이는 밤

# 새우젓

초여름 느슨한 바람에
스스로 마음 풀지 못하는 날
강경 젓갈상회를 간다.

내 안의 꿈을 키우며
곰삭은 젓갈들
묵언 수련하듯
저마다 토굴 속에 앉아 있다.

고운 햇살로 기워진 막사발
갯벌 내음 껴입고
한동안 부르지 못했던
애창곡 몇 구절
걸쭉한 눈물로 삼킨다.

긴긴 날
소금꽃이 다 지도록
얼마나 싸매두었기에

비릿한 냄새
거실 지나 서재까지 따라와

한 편의 서경시로 내 소매를 잡아끄는 걸까.

# 설거지

맑은 물방울이 튄다. 열 개의 손가락 끝에
어두운 기억들이 씻겨 나간다.
아래쪽에 숨어 있던 작은 종지가 불려 나오고
빈 접시가 몸을 흔든다.

드디어 목욕을 마친 빈 그릇들이
앞서거니 뒤서거니 고해성사 하듯 엎드려
보오얀 살결을 말리고 있다.

담았던 모든 것들 다 바치고
텅빈 몸으로 돌아앉은 것들 앞에
나는 내 안에 무엇을 담아야 하나.
사랑, 평화, 노래…

순수한 자연퐁으로
몸을 헹군 수저들이 우르르
제 집에 들어가 도란도란
물기를 턴다.

식성 좋은 싱크대가 돼지처럼 길게
트림을 한다.

나는 내 안의 무엇을 씻어야 하나.
까탈스런 찬그릇
방황하던 마음 앞에
문득 은빛 눈망울을 반짝인다.

# 바느질을 하며

창가에 몸을 기댄
한 타래의 빗줄기,
남편과 함께 꿰매는
올이 풀린 목양말
휘파람 소리가 씨실 사이를
조심스레 지나갈 때마다
바알간 꽈리처럼 통통해졌다.

이제는 꿰매야 할 것보다
내버려야 할 것들이 더 많아진
심연.

잠시도 쉬지 않고
구부러진 시간을 붙잡고 있는
번뇌의 외길
선한 눈망울 굴리며
미처 꾸리지 못한
짐을 지키고 있는데

그냥 버리기엔
양말 구멍처럼 작은 남편의
엄지발가락 부분
몇 땀으로 꽃봉울처럼 엮는다.
남모르게 아침이 내 삶을 꿰맨다.

# 왕따

오래된 가죽나무
옆 쪽방촌엔
연둣빛 꿈 한번 펼치지 못한
배불뚝이 암탉 하나
소박맞은 계집처럼
앉아 있다.

부화기를 맞아
제 홀로 온실에 머물다 왔다고
피붙이들의 심술이 뜨거운 걸까
날선 부리로
온몸에 시뻘건 상처 입히고
모르는 척 돌아가며
헛기침을 한다.

삶의 평화는 어디로부터 오는 것일까.

깊어진 아픔만큼

할 말도 많을 텐데 또 다시
독방신세가 된 배불뚝이
볏짚단에 기대어
몸져누워 있다.

위문이라도 하듯
속정 깊은 햇살들 하나 둘
문틈 사이로 기어들어간다.
등 뒤에는 오동나무 한 그루
남몰래 눈시울 붉히고.

# 야외 식탁

사람들 떠나보내고
거처를 바꿔보네.

한평생 침묵으로 말하며
살아간다는 건
기별 없는 기억

갈매빛 세월 속

목이 긴 해는
하늘 높이 떠올라
여름밤이면 잔잔한 노을빛으로
나를 감싸주네.

산동네 숲 깊이
시린 발 묻고
불법 노숙 하고 있네.

# 쥐눈이콩

칭얼대는 녀석들 붙들고
한나절을 씨름하다
새소리에 이끌려 둠배산
가는 길

누구를 기다리는지
등 굽은 할아버지 묶은 콩대에서
티없이 맑은 콩알들 하나, 둘
튀어나오는 손수레를 세워놓고
목을 길게 빼고 있다.

땅바닥에 뒹구는
녀석들을 떼어놓고
말없이 지나는
초승달 같은 오후 세 시

아무래도 오늘은
녀석들과 씨름이나 해야겠다.

# 제2부
# 시장 풍경

# 광화문에서

충무공 앞세우고

어두움 밝힌 땅

오늘도 많은 인파

거느리고

역사의 물길 여는데

40년 전 이 거리는

국모 잃은 설움에

눈물바다 이루었다네.

# 시장 풍경

장터 길을 들어서는데
챙 넓은 모자를 눌러 쓴
아주머니
헐렁한 몸빼바지 주머니에서
꼬깃한 지폐 몇 장을
꺼내고 있다.

시장 어귀에서
뺄겋게 달아오른 얼굴로
묘목을 팔고 있는 할아버지
잔돈을 건네며
던지는 사투리가 구수하다.
"요것이 대추, 저것은 왕살군디
후년이면 따먹을 것이여"
묘목 두 그루를 자식인 양 소중하게
받아든 아주머니
잰걸음으로 장터 골목을
빠져나간다.

어느새
자판 위에 부러진
봄볕 한 토막
금줄처럼 늘어서다 슬그머니 스러지는데
장바닥엔 외지外地의 발자국들만
북적대고 있다.

## 전당포

그 집 앞에 서면
괜스레 가슴이 뛴다.

봄날을 꿈꾸며
쪽방촌을 오르내리던 시절
봉지쌀 사느라
정이 든 손목시계
그곳에 맡기고

그래도 가난이 나의 교만을
물리치는 큰 힘이라고
어깨 추스리며 스스로를
위로 했는데

단기간에
터무니없는 높은 이자
고이 바친 까닭일까.

그 집 앞에 서면
괜스레 가슴이 뛴다.

# 봄날

용수천이 봄볕에 끓는다.
팽팽한 적막 속에서
슬그머니 언덕에 주저앉는
제비꽃 몇이
나를 보고 웃는다.

어쩌다 눈빛이 마주치게 되었을까.

마악
휴식 끝낸 바람들
팽락정 돌계단을 기어나오고
몸을 추스르던 둑길이
휘청거린다.

흰 쌀알같이 피어나는
아카시아가 곱실한 머리칼을 날리고 있다.

송골송골 이마에 땀방울

매단 키 작은 오후가
더위도 잊은 채
산마을을
지킨다.

## 오일장

살 물건은 없어도
허전한 마음을 끌고
장터길을 기웃댄다.

못다 한 말 남았을까.
보건소 옆 노점에는
고등어, 갈치, 동태들이
흐릿한 눈으로 누워있고

언제부터일까.
장터 한 구석
노오란 털조끼를 걸쳐 입은 할머니
아무도 눈길조차 주지 않는데
고들빼기 두어 다발 좌판에 내려놓고
시름없이 앉아 있다.

서로를 위로하는 저녁
"아무래도 오늘은 헛거여"

"아직 시간 남았어유"
시장바닥을 흐르며
흩어지는 흰 적막의 바다 내음새

남은 지폐 몇닢에
떨이한 고들빼기,
환한 할머니의 웃음으로
고단한 하루가 씻겨간다.

# 용수천

물 위로 떠오른 풀조차
바람에 흔들리지 않는다.
돌덩이 몇 개 물속에
햇빛 한 자락 깔고 앉아
여린 뿌리를 숨기고 있다.
모래알로 반짝이는
바닥의 개울
세상 시름 감싸 안고
물살에 몸을 맡기고 있다.
해맑은 모습으로
여름내 북적이던 사람들
대신 울먹이며 선
갈대들을 품고 있다.

# 온천리 쭈꾸미집

마음이 어둑해지면
찾는 그곳

등을 맞댄 용수천
언제나 활기찬 음성으로
나를 반긴다.

막접시에
포개져 나오는 맵싸한 향내
금빛 파도가 스친다.

창문 너머
전선주에 앉은 초승달도
군침을 삼킨다.

# 하모니카

한때는 낯선 거리 떠돌다
양지바른 외딴집
정착한 이방인
몸은 작고 초라하지만
풍부한 감성으로
밤이면 용수천변을 찾아
남몰래
질긴 고독
한 켤레 신고
달빛여행을 한다.
달콤한 입맞춤에
마음 열고 젊은 날의
애창곡 한 소절
부른다.

## 소한

어두움 짜이도록 오지 않는
남편을 기다리며
내 마음은 온통 대전역으로 향한다.

한겨울이지만 봄날 같았던 그날
통행금지가 해제되고
무작정 남편을 따라 나선 신혼여행길
달랑 막차 하나 뿐인
동대구행 0시 50분 열차를
기다리는데
눈꽃들이 휘날리었다.

남편의 늦은 귀가로
와인 한 잔마저도 호사인가 싶은데
정에 굶주린 싸락눈조차 오늘은 오지 않는데
내 마음은 자꾸만 대전역으로 향한다.

# 말하는 나무

눈 내리는 겨울밤
할머니는
소름 돋는 항아리 속
고욤을 사발째
건네주었다.
잊은 지 오래된
기억의 날들
그리워 나를 찾아온 걸까.
그땐 달콤한 아이스크림을 먹는 듯
시간 가는 줄 몰랐는데
참 멀리도 돌아 왔구나.
어릴 적 앓아누운 외딴 집에서
봄볕 드는 용수천까지
집 나온 고욤나무가
문득 내게 길을 묻는다.

# 탁상시계

앉은뱅이 문갑 위
입 다문 고백

고단한 세상살이에
무슨 합병증이 겹친 걸까.

무어라
하소연이라도 하면
얼어붙은 마음 풀리련만

밥을 주어도
아무런 대꾸가 없다.

겨울 지나 봄이 오는 사이
하고 싶은 말들
시침과 분침이 하나 되어
묵상기도를 한다.

# 착각

사람들은 그대를
자유라고 하지요.

얼굴은 모르는데
시시때때로
내 곁을 맴도는 그대

숨은 그림 찾듯
맞선 보던 날
그대 이름 알았다면
아프게 꿈을
펼치지 않았겠지요.

황사 낀 허공의 창처럼
흐려진 그대의
눈빛

사람들은 그대를
자유라고 하지요.

# 보리차를 끓이며

안개가 피어오른다. 하늘이 보이지 않는다.
길이 끊겼다. 물결치는 보리이삭들, 비릿한
살냄새가 물들어온다.

풀물 배인 어머니의 체취, 보릿고개를 넘지
못한 채 스러진 아버지의 마른 기침소리도 들린다.

묵은 그림 속에 녹슨 시간이 열매처럼 뚝 떨어진다.
식어버린 찻잔에 고이는 맑은 외로움 하나.

# 불면증

신묘년 아침
힘센 불면증이 도둑처럼 왔다.

기나긴 가을날
편식성의 메뚜기처럼 엎치락 뒤치락
이런 때 할 수 있는 기발한
놀이는 없을까? 미로처럼 꼬불꼬불한
기억의 구조
한평생 오갈 데 없는 식솔들
이끌고 단칸방에 빌붙어 사는
낡은 식탁
오랜 방황 끝에 수면제가 된
한 잔의 술, 비로소
세상 가득 낯익은 음률로 흐르는데
쪽문 밖 지레 겁을
먹고 달아나는 앳된 어두움

신묘년 아침

힘센 불면증이 도둑처럼 왔다 갔다.

# 현충원역

좁은 지하도에서
회한처럼
꾸역꾸역 낯선 사람들이
밀려나온다.

어린 아이를 끌어안은
앳된 여자의 지친 모습은
마중 나온 화물차에 실려 떠나고
겁도 없이
질 나쁜 담배 한 갑을 쥐고 있던 남자는
종종걸음으로
횡단보도를 건넌다.

누군가 흥얼대는
유행가의 한 소절처럼
낮게 깔리는 어스름

기다리는 사람은

오지 않고 나 홀로
쪼그만 역사驛舍처럼 서 있다.
여름밤이 훤히 지고 있다.

# 빨래를 하며

푸른 밤
빨래를 합니다.

나의 옷가지에 묻은 체온
남모르게 숨겨져 있던
젊었던 기억들이 빨래판에
누워 말없이 뒹굴다
이내 비누방울 속으로
사라집니다.

비로소 종일 시달린
나의 하루가
하얀 얼굴을 내밀며
발등의 찔레꽃처럼
웃고 있습니다.

다시 태어나서
햇볕 드는 베란다에

널려 있고 싶은
나의 영혼을
말끔히 헹구는 동안

달빛 아래
젖어 있는 눈부신 슬픔들이
일제히
줄 하나에 매달려
깃발처럼 휘날립니다.

# 대청호에서

호수는 거울이 되어
묵묵히 산을 비춘다.
아무도 닿지 않는 길을
곁으로 품고 있는 산
어린 시절
사람들을 기다리던
나룻배조차 보이지 않지만
산 중턱 벼랑 끝에 매달린
외로운 산사 한 채
새들의 속삭임 속에
억새풀 숨어든 호숫가를
고요히 내려다본다.

# 엽서

말로 전하기엔
부끄러운 마음 빈 하늘에
한조각 구름으로 그립니다.

빗줄기가
먼 데로부터 산들을 지워옵니다.

새들은
젖은 날개를 퍼득이며
숲 속으로 깃듭니다.

철 지난
묵시록을 펼친 듯
미처 고백하지 못한 말

비 갠 후
서녘으로 기우는
노을 한 장에 적어
그대의 창에 띄웁니다.

# 제3부
# 부석사의 가을

# 7병동 738호

목마른 여름밤
그녀를 만났다.

아무도 찾아주지 않는 병실에
마음 붙이며
어둠에 떠는 병동을
홀로 지키는

예고 없이 찾아온
뇌암 말기로
말문은 굳게 닫혔지만
눈가에 깃든
별빛 하나

무슨 고백을 하는 걸까.

들꽃 닮은
노랑머리 어릴 적 나의 벗

# J 병실 이야기

벌써 달포째다.
오후 4시만 되면 어김없이
세숫물을 떠오라는 어머니의
불벼락 같은 성화
대체 무엇이 어머니의
알토란같던 머릿속을 마구 헤집어 놓는 것일까?
천사백육십여 일 각기 다른 이름표를
가슴에 달고
불청객처럼
다리… 허리… 뇌경색… 그리고
고관절 수술

그래도 참 다행이다.
갈 길 잃은 컴퓨터 화면에
서투른 자판을 두드려
목적지를 향해
질주하듯
구순의 호호백발 어머니에게

조근조근 속삭인다
"점심 드신지 두어 시간 됐어요"
…어머니는 금방 푹 패인 볼우물에
복사꽃 같은 웃음을 띄우며
힘겹게 한마디 던지신다.

— "식전인 줄 알었네" 라며
　　스르르 눈 감고
　　떠나시는 짧은 여행

# 삼우제三虞祭

어머니 묘소 앞에
술잔을 올린다.

우산봉 아래
허기든 숲처럼
눈물조차 마른 자식들
애써 묻어둔 아픔을 삭힌다.

줄곧 나를 따라온 어둔 그림자
산기슭에 이르자
비로소 흰 적막을 딛고
한 마리 새처럼
사라진다.

어디선가 나타난 바람소리
빈 머리 위를 한 바퀴 돌더니
마른 솔잎 가지 사이에 앉아
묵묵히 지켜보고 있다.

# 조문

차라리 꿈이었으면 했다.

언제나 해맑은 미소로
달빛 고인 눈망울 반짝이던 여인
낯선 모습으로 바라본다.
그리움처럼 피어오르는 향연은
이승과 저승 사이를 떠돌 뿐
망자의 손을 놓친 피붙이들 애처로이
앉아 있다.

삼월 초저녁, 꽃잎 흩날린다.

# 똑딱 단추

언제나 다정한 친구였다.

어릴 적부터 손마디가 굵도록
내 자켓 앞섶에 매달려
한시도 떨어질 줄 몰랐다.

때로는 사는 게
낯설고 막막하기도 할 텐데
누가 끼어들 사이도 없이
서로 마음 주며
똑딱인다.

간밤에 밤이슬 맞더니
제 풀에 떨어졌는지 오늘은
한낮에 방바닥에서 뒹군다.

# 지랑

어머니는 언제나 간장을
'지랑' 이라고 했다.

미역국을 끓일 때면
잰걸음으로 향하는 장독대
잘 익은 흑갈빛의
항아리 속엔
오래된 염전처럼
소금꽃이 다발로 피어 있었다.

어머니 떠나신지
구백구십구 일
불통의 간장으로 산다는 게
낯설었을까.

부스스 햇볕 드는
적막 안에 몸을 숨긴다.
검은 꽃을 피운다.

# 배추밭

밤낮을 함께하는
네모난 세상
소설은 벌써 지났는데
마음 줄 곳 없어
지푸라기로 허리 질끈 동여매고
시린 발 동동 구르는가.
한시절 잘 살았노라고
언젠가는 장밋빛 스카프를 씌어 줄
그날을 꿈꾸며
행여 노란 속살 드러날까
따스한 눈살의 촉수에도 움츠리고
아침마다 짐짓 표정 바꿔가며
선량한 바람 편에
저마다의 소망을 띄우네.

# 글쎄

— 미용실에서

뭐하시게요?
글쎄, 자르던지 말던지
알아서 해줘요.
백발의 할머니
수그러드는 눈꺼풀을 비비며
거울 앞에 앉는다.
근심처럼 목덜미까지 자란
머리칼이 잘리고
이내 탈모로 드러난 정수리
감추며 꽃길을 낸다.

# 삼채

히말라야에서 살다가
지리산에서 살다가
무작정 찾아온 계룡산 기슭
아무도 돌보지 않아도
양지바른 담 밑에 붙어살며
봄이면 새초름이 얼굴을 내밀다가
한여름 밤 상큼한 차림새로
식탁에 오르다가
겨우내 눈 가리고 살다가
누군가에게 온몸 무참히 잘리고 잘려도
아무런 내색 없이 자라나
달콤함과 매콤함으로
언제나 마음 따스히 반겨주는
신비의 약초

* 삼채: 원산지는 미얀마로 단맛, 쓴맛, 매운맛 등
세 가지 맛이 난다고 붙여진 채소 이름.

# 양파

여자는 밤이면
비단옷을 입는다.

춥지도 않는지
사철 홑겹 옷만 입는 여자

성질은 차갑지만
마음만은 정열적이다.

누군가 따스한 눈빛을 주면
부끄럼 없이 옷을 벗는다.

# 미나리

휴대폰을 끄고
전등도 꺼 버리고
그녀는 옷을 입는다.

어느새
젊은날 자취방을 떠돌던
푸르른 달빛 한 장
문득 풀꽃 닮은 눈망울들이
창틈으로 기어오른다.

단발머리 시절이 말없이 멈추어 선 뒷마당

어머니는 대낮부터 우물가에 쪼그려 앉아
갓 베어낸 미나리를 마치 갓난아이처럼 씻기어
넉넉한 광주리에 한껏 담으시며
밤새 신탄진 5일장을 향하셨지…….

캄캄한 시궁창

속 끝없는 고난의 길이
마침내 싹을 올리며
빈 하늘을 향한다.

# 시래기

길게 늘어선
초록의 시린 뼈마디들
낡은 새끼줄에 엮인 채
그늘진 뜨락을 지킵니다.

햇살도 오랜만에
붉게 타오른 속마음
한껏 드러내고 있습니다.

철 잃은 추위에
어느새 마른 몸뚱이
먼 길 무서리 맞으며
묵묵히 걸어왔습니다.

저물녘
무거운 짐 부려놓고
억새들 온몸으로 우는 날이면
후덕한 가마솥에서

그대의 멍든 가슴 속 어혈도
말끔히 풀리겠지요.

그때는 무덤덤한 뚝배기도
지난날들 기억하며
마침내 별빛 젖은 눈물까지
담아낼 겁니다.

# 토란

나는 추운탐이 많지만
의지 하나로 산다.

언제나 흙투성이로
허름한 옷 뿐이지만
몸매는 매혹적이다.

몸집이 작아
한동네 덩치 큰 친구들을 보면 공연히
주눅 들어
딴청을 피우곤 한다.

한평생 정에 굶주려
누군가 나에게 마음을 주면
절대로 한눈팔지 않는다.

# 부석사의 가을

풍경소리 은은한
봉황산의 한낮, 깊은 숨을 내쉰 채
커다란 캔버스 속으로
걸어 들어간다.
낙엽처럼 허공을 밟고 내려와
법당 앞을 구르는 목탁소리
산비알을 안고 골짝 아래로
미끄러지는데

철망으로 얽힌 집 속
조사당 아래의 선비화禪扉花*
가슴에 물음표 하나 달아놓고
침묵을 삼킨다.

* 선비화: 콩과의 낙엽관목으로 의상대사가 꽂아놓은
지팡이에서 뿌리내린 것으로 전해진다.

# 가의도 가는 길

태양이
갯벌에 피를 토해 놓던 여름날
만삭의 바다가 놀라
공중에 거꾸로 매달립니다.
슬픔에 겨운 빗줄기는
설움에 핀 꽃잎으로 얼굴을 가린 채
해안선을 따라 떠돌며
울기 시작합니다.
오도가도 못하고
날마다 바다 한가운데 서서
태안반도를 지키는 사자바위는
오늘도 외진 기슭에 숨어
묵묵히 지켜봅니다.
무수한 사연을 목에 걸고
뱃길을 여는 바다
오래 참아온 그리움인양
하늘은
마침내 헌 승복 같은 구름자락을

헤치고 내려옵니다.
갈매기떼 거느린 유람선은
삼복더위를 안고
바다의 심장부를 밟아가고.

# 도솔암 가는 길

청보리 울먹이며 언덕에 올라서도
앞서가는 남녘의 목소리 보이지 않네.

기다림에 지친 걸까.
산사의 목탁소리처럼
절벽으로 뛰어내리는 동백꽃송이들

지나는 바람만이 내려다 볼 뿐.
커다란 바위에 앉아
남몰래 두 손 모은 마애불상

오가는 사람들 마음이 되네.

# 마라도에서

상처 많은 바람
끌어안고
그리움으로 떠 있는 섬

반갑게 안부 묻는
파도소리를 따라 자리를 옮긴다.

가끔은 온갖 시름 내려놓고
외로운 등대로
머물고 싶은 섬

세상을 등지고
풀숲에 숨어 사는 백년초는
여린 가시 끝에도
꽃 한 송이 피우는 것을

나는
무엇을 바라보고 서야 하나.

# 제4부
# 꽃밭 일기

# 백목련

어젯밤 갓 피워낸
꽃송이들
새벽마다 성호경을 바치는 수녀님처럼
방사능 봄비에 두 눈을
꼬옥 감고 기도합니다.

발길 뚝 끊긴
공암리 마을회관
어느새 후끈 달아오른
임시 휴교령 속보
미처 긴 목에 초록 스카프를 두르지 못한 채
앓아누울 것만 같은 예감

고해성사로 목이 쉰
용수천, 차마 말문을
열지 못하고
눈시울 붉히고 있습니다.

# 묵정밭

나를 불러 주세요.
망초꽃 흐드러진 메마른 땅

식성은 까다로워도
이제 아무거나 환영합니다.
절망 없이 희망 또한
없을 테니까요.

삼백예순 나날들
얼마나 굶주렸으면
새벽잠 설치며
사랑의 눈빛 심어 주어도
기력을 찾지 못하나요.

그러나 또다시
마음을 놓지는 않을 거예요.
날마다 주문 외며 살다보면

언젠가는
무딘 내 가슴에도
햇살 한 소큼 내릴 테니까요.

# 꽃밭 일기

더 이상 올 손님 없어
불모의 땅
해찰을 하나요.

만남과 이별이 교차하는 길목

가난한 살림살이
힘에 겨워
정이 든 식솔들
떠나보내고

마디 굵은 나무
비좁은 방에서
아프게 부어오른 마음
가슴 안쪽에 묻고
움쩍을 않더니

오늘은 봄볕에

스스로 창문 열고
문안인사 하네요.

# 민들레

누군가 내놓은
흙내 가신 뒷골목 밤새
잔걸음으로 들락거리다 이내
모여앉은 담장 밑 꽃망울들
오늘은 파출소 옆 정류장까지
따라나와 목례를 한다.

길은
누군가를 떠나보내듯
말없이 얼굴을 돌리고
허공 사이로 보일 듯 말 듯 서서
일일이 행인들과 눈을 맞추는 '희망의 다리'
금세 무표정으로 산그림자 따라
몸을 뒤트는데
승차객이 없어 문을 닫은 임시 휴게소
낡은 수채화처럼 구겨져 있고

꽃들은 어느새

다리를 건너와
흰 날개 끝에 연둣빛
불을 붙인다.

# 인동초

아무 말도
하고 싶지 않습니다.

우연히
그대를 만나 취해버린
심연의 향기

빈 가슴속엔
그대가 묻어버린
불씨 한 점 타오르고

못다 한 말
침묵으로 피워 올린
푸른 씨앗

비로소
그대의 응어리진 한이
하얗게 풀어져

잔잔한 음률로

흐릅니다.

# 무화과

여름 무더위 견디며
하룻밤 풋사랑만 하다가

만난 가을

속마음 털어놓은 저녁노을
마냥
구부러진 손가락을 펴 쓴

편지 한 통.

# 아스타꽃

별을 닮아 부르는
이름

긴 바람소리에 놀라
초록 입술에
이슬 한 모금 적시고

두려움에 지친 꽃송이
베란다 발치에 손발을 감추고
살포시 고개 든 햇살을
훔쳐보네.

소나기 한차례 쓸고 간 가을날

처마 밑 한 구석에
쪼그려 앉아
오늘은 흙 묻은 잎사귀로
여린 몸을 가리네.

## 제비꽃

잠귀 밝은 언덕이
눈을 비비며
수줍어 고개 숙인 제비꽃
행여 도망쳐 버릴까
두 손을 꼭 잡고 있다.

어느새
파래진 입술의 꽃몽우리 하나
얼굴을 들고 채 마르지 않은
자줏빛 옷을 입는다.

그대 머무는 자리는
언제나 아름다움이 피어나는 곳
들판을 떠도는 바람은 말없이
흩어지는데

홀로 먼 길 떠나는
풀꽃향 따라

발 아래 용수천도 함께
화음을 고르며
가고 있다.

## 자목련

홀로 산마을 섬기는
그림자 하나

날아오르는 흙먼지에
입을 다물 뿐
마음은 온통 보랏빛이다.

누구도 말을 걸지 않는
화려한 외출

마른 땅에 등을 댄 꽃잎들은
하나 둘 흩어져 해를 등지는데

돌아보면
제 스스로로 깊어지는
침묵의 강을 안고 서 있다.

# 종이꽃

나는 그녀가
누구인지 몰랐다.

햇살 부신
외딴집에서 태어나
비바람 잦은 어린 시절을 보내고

정이 든 고향을 떠나
홀로 세상 떠돌던
마음 시린 여인

온다는 기별도 없이
찾아와 추운 봄을 나고 있다.

# 찔레꽃

산등에 매달려
아무리 아프다고
소리쳐도

무심한 손길에
여린 가지
잘리네

남몰래
쏟은 피, 가시되어
제 몸을 감싸네

슬픔처럼 하얗게
핀 꽃송이들 애처로워
되돌아보지만

뻐꾹새만 진양조로
목청을 가다듬네

# 산수유

정말 모를 일이다.

우산봉 오르는 길
언제나 묵언수행 중이던 나무
한 그루

오늘은
아무 일 없는 듯
터벅머리에 노오란 머리띠
꽂고 홀로
서성인다.

할 말이 있는지
문득 소매깃을
잡는다.

# 고무나무

푸른 옷깃 세우고
어둔 기억의 뜨락을 지키는 고무나무
언제나 그림자처럼 나의 곁을 서성인다.

창문 밖 핏기 잃은 햇살들
힘없이 부서져 버리고
마당가 빈 나뭇가지 위로
날아든 은빛날개들
마른 살갗 부비며 파릇한 시름 털어낸다.

젊은 날 고지식한 절망조차
버리지 못하고
막연한 꿈을 이루겠노라고
온기 없는 옥탑 방을 오르내리던
내 마지막 소망이 참 오래도록
백지로 남아 있는데

마침내

곰삭은 아픔들이 마디 굵은 고무나무에
하이얀 별꽃으로 피어나
차디찬 한밤을 가슴으로
품고 있다.

# 살구나무

아픔도 터뜨리면 꽃이 되는 걸까.

무딘 마음 들킨 꽃 한 송이
성급한 봄맞이에 뽀얀 얼굴
붉히며 돌아앉고

아련한 세월 속 어머니가 쏟아놓은
소중한 말씀
빈 나뭇가지 사이
하얀 꽃잎으로 날리는데

금간 장독 꽃울음 담아 물들이는 저물녘.

들녘 저편에서 내려와
머뭇거리는 나무에게
눈을 맞추는 바람.

아무도 모르게
4월 눈발에 소름 돋는 몸 감싸주네.

## 아카시아

반겨주는 이 없어도
날마다 표정 바꾸며
찾아오는 그대

향내음 도타워
행여 마음 빼앗길까
가시로 온몸을
감싸나요.

갑하산 아래
뻐꾹새 하나
어디론가 거처를 옮기려는가
목청이 잦아드는데

그대는
무슨 인연 그리도 깊어
나를 놓지 못하나요.

# 자귀나무

물빛 고요 모여든
마티재엔
몸 밖 붉은 나이테를 두른
자귀나무 올해도 넘치도록
꽃을 피웠다.

철부지 자식들
타지에 보내고
눅눅한 외로움만 남아
재 너머 찾아드는 어둠을
한껏 보듬어 준다.

바람이 새치름한
안개를 눈치껏 져 나르는 산마을

지친 영혼을 헹구 듯
오랜 그리움에
연둣빛 속잎부터 함초롬히

적시던 가슴

파릇한 햇발
등받이 삼아
가냘픈 가지마다
불꽃을 밀어 올리던 꽃이파리
하나 둘 단잠에 빠진다.

## 동치미

원하시면 언제나
당신 곁에 있겠습니다.

긴긴 겨울날을 위하여
캄캄한 땅속에 몸을 숨기고
묵묵히 버텨온 세월

때가 이르면
뚝뚝 잘려 잠들
든든한 그 모습 그대로
푸른 이파리 달고 일어서겠습니다.

거룩함으로
당당히 식탁에 올라
불안한 가슴 잠재울
신비의 약수

부르시면 언제든

달콤한 보약이 되어
당신 곁을 지키겠습니다.

# 알

그녀의 이름은 '유정란' 이다.

겉모습은 수수하지만
범상치 않은 아비가 있어
누구에게나 호감을 준다.

가슴에 품고 태어난
금빛 진주 한 알
어두운 세상
밝혀준다.

때로는
목숨 바쳐 생명의 꽃, 피운다.

해설

# 시각화의 묘법과 일체화의 지향

손종호(시인, 충남대 명예교수)

## 1.

오명희의 첫시집 『바람의 地坪』에서 먼저 눈에 띄는 것은 사물시(physical poetry)에 가까울 만치 대상을 묘사하는 시각화의 기법들이다. 관념보다는 시어의 시각적 이미지를 강조하는 이러한 이미지즘적 특성은 특히 정밀함과 명확함에서 도드라진다. 아울러 도시 변두리와 농촌 사이를 넘나드는 소재들과 그러한 배경을 바탕으로 형상화 된 자연과 인간을 향한 연민과 사랑의 정서는 극히 절제된 감정으로 드러난다는 점에서 독창적이다.

오명희 시가 지닌 이런 이미지즘적 특성은 그녀의 직업과

불가분의 상관성을 지니는 듯하다. 그녀는 시인이자 생업으로 미용사 일을 한다. 미용사란 머리 등을 아름답게 매만져 고객의 미적 개성을 살리는 일을 주업으로 한다. 즉 그녀는 어떤 인물을 대상화하여 전체성을 파악한 후 전체적인 신체 구조에 맞춰 미적 균형과 조화를 이룰 수 있도록 하는 일을 행하는 것이다. 이렇게 본다면 대상의 공간화와 시각화는 그녀에게 있어 마치 숙명과도 같은 것일는지 모른다.

물 위로 떠오른 풀조차
바람에 흔들리지 않는다.
돌덩이 몇 개 물속에
햇빛 한 자락 깔고 앉아
여린 뿌리를 숨기고 있다.
모래알로 반짝이는
바닥의 개울
세상 시름 감싸 안고
물살에 몸을 맡기고 있다.
해맑은 모습으로
여름내 북적이던 사람들
대신 울먹이며 선
갈대들을 품고 있다.

—「용수천」 전문

이 시는 용수천이라는 냇물을 소재로 한다. '물 위로 떠오른 풀' '돌덩이 몇 개'가 시상의 중심을 이루다가 '바닥의 개울'이 들어서면서 "물살에 몸을 맡기고 있다" "갈대들을 품고 있다"로 마무리된다. 시적 화자는 철저하게 모습을 감추고 있으며 흐르는 냇물을 소재로 한 시들이 보여주는 시간성조차 오직 현재에 머물러 있다. 시적 화자의 감정이란 "세상 시름 감싸 안고"나 "울먹이며 선/ 갈대들"과 같이 대상에 의탁되어 그 편린을 드러낼 뿐이다. 마치 한 폭의 그림처럼 제시된, 공간화와 시각화로 요약할 수 있는 이러한 시적 특성은 그녀의 시 전편을 관류하고 있다. 다시 말하자면 오명희는 시각적 이미지를 중시하는 이미지스트인 셈이다.

(가) 야윈 석양이
서녘 산줄기에
시름 젖은 외투를 슬며시 벗어놓고
붉은 스카프를 풀고 있다.

비로소
공중 속으로 솟아오르는 풍물소리
마을을 감싼
몇 겹의 어둠 속을

터널처럼 뚫고 있고
드디어 마을 사람들 횃불
밝힌 탑거리로
모여든다.

—「탑제」 부분

(나) 어둠이 내린다.
가로등 불빛 매단
가드레일 사이로
하얀 눈발들이 몸을
던진다.

굳은 표정의 길들은 돌아누워
눈물을 흘리고
빈 가지마다 피어나는
눈꽃들도 울먹이며
고개를 숙인다.

—「겨울 풍경」 부분

시 (가)에서 "석양"은 의인화 기법으로 시각화 된다. "야윈 석양"도 그러하지만 "야윈 석양"이 "서녘 산줄기에/ 시름 젖은 외투를 슬며시 벗어놓고/ 붉은 스카프를 풀고 있다"

는 묘사는 참신하기 이를 데 없다. "석양"과 "붉은 스카프"는 동일하게 시각적 이미지이나 다음 연에서는 "풍물소리"가 "공중 속으로 솟아오르"는 청각의 시각화, 즉 공감각적 이미지로 제시되고 더욱이 "마을을 감싼/ 몇 겹의 어둠 속을 / 터널처럼 뚫고 있고"에 이르면 「탑제」의 중심을 이루며 신명을 불러일으키는 "풍물소리"의 역동성이 더욱 생생하게 느껴진다. 그리고 "드디어/ 마을 사람들 횃불/ 밝힌 탑거리로/ 모여"드는 것이다. 이미지를 중시하는 오명희 시가 지닌 특징 가운데 하나는 이처럼 다양한 감각적인 이미지의 활용이라 할 수 있다.

(나) 역시 (가)와 동일하게 시각적 이미지를 주로 하고 있으나 대상에 대한 감정의 투사(projection)가 두드러진다. "하얀 눈발들"은 수동적으로 그냥 내리는 것이 아니라 "가로등 불빛 매단/ 가드레일 사이로" "몸을/ 던진다." "굳은 표정의 길들은/ 돌아누워/ 눈물을 흘리고" 빈 가지에 내려 쌓이는 "눈꽃들도 울먹이며/ 고개를 숙인다." 물론 이 시에서 "왜?"라는 질문은 아무런 의미가 없다. 립스(T.Lipps)의 설명대로 감정이입이란 자연계나 다른 사람들에게 자기가 가지고 있는 감정을 자신도 모르게 이입하고, 자연계와 다른 사람들이 마치 그 감정을 가지고 있는 듯이 느끼는 것이기 때문이다. 다시 말하자면 내가 슬프니 세상이 슬픈 셈이다. 대상에 대한 이러한 감정이입 또한 오명희 시의 두드러

진 특징 가운데 하나다.

이렇듯 오명희 시에서 모든 사물은 객관적인 묘사의 대상이 되거나 혹은 감정적 투사의 대상이 된다. 그녀의 시가 시각적 이미지를 중심으로 전개되면서도 모더니즘 계열의 시들처럼 의장적 수사학에 치우쳐 긴장을 조성하기보다는 전통적인 서정시에 가까운 느낌을 주는 이유가 바로 여기에 있다.

2.

오명희 시의 배경에 도시의 풍경이 없는 것은 아니나 의미 있게 구획되는 경계를 찾기 어렵다. 분주하고 시끄러운 「시장 풍경」조차도 시골마을의 「탑제」와 별반 다를 것 없이 형상화되기 때문이다. 오늘날 한국 시단에서 시 창작자의 성별 구분이 아무런 의미를 갖지 못할 만큼 한국시의 지평은 넓어졌고 오명희 역시 평범한 듯한 소재를 개성 있게 다룸으로써 자신만의 독창성을 유지한다.

(가) 그녀의 몸속엔 아무것도 없다.

워낙 정이 많아 굶주린 사람을 보면

가진 것 다 내주는 여자

종가의 식솔들 거느리고
좀체 쉴 틈이 없어
식욕조차 잃었는지

그녀의 몸속엔 아무것도 없다.

—「냉장고」 부분

(나) 장터 길을 들어서는데
챙 넓은 모자를 눌러 쓴
아주머니
헐렁한 몸빼바지 주머니에서
꼬깃한 지폐 몇 장을
꺼내고 있다.

시장 어귀에서
뻘겋게 달아오른 얼굴로
묘목을 팔고 있는 할아버지
잔돈을 건네며
던지는 사투리가 구수하다.
"요것이 대추, 저것은 왕살군디

후년이면 따먹을 것이여"
묘목 두 그루를 자식인 양 소중하게
받아든 아주머니
잰걸음으로 장터 골목을
빠져나간다.

—「시장 풍경」 부분

냉장고를 의인화 하여 '그녀'로 지칭하고 있는 시 (가)는 냉장고를 "가진 것 다 내주는" 종가집 맏며느리로 형상화한다. "좀체 쉴 틈이 없어/ 식욕조차 잃었는지" "그녀의 몸속엔 아무것도 없다"는 시구는 울림이 크며 그것은 곧 가부장제 의식이 잔존하고 있는 우리 사회의 구조적 모순을 고발한다. 아울러 그러한 희생과 헌신이 단순한 억압에 기인한다는 이분법적 관점이 아니라 "워낙 정이 많아 굶주린 사람을 보면/ 가진 것 다 내주는 여자"라는 천성적 특성에도 연유할 수 있음을 적시함으로 평범한 소재로서의 냉장고에 보다 심화된 의미를 부여한다. 그리고 무엇보다 시인의 연민의식이 냉장고라는 인공물에까지 미친다는 점이 놀랍다.

이와 달리 집안에 머물던 시선이 장터로 옮겨가면 그녀의 시선은 우리 사회의 전통적인 소통과 교감의 따스함에 머문다. 시 (나)에 나타나는 "묘목을 팔고 있는 할아버지"와 묘목을 사는 "챙 넓은 모자를 눌러 쓴/ 아주머니"의 모습은 장터에서 흔히 볼 수 있는 낯익은 정경이 아닐 수 없다. 이 시에서도 묘사적 기법은 여전하지만 "요것이 대추, 저것은 왕살군디/ 후년이면 따먹을 것이여" 라는 할아버지의 직접적인 언술을 그대로 시에 수용함으로써 리얼리티를 증대시키고 단순한 상거래가 아니라 "묘목 두 그루를 자식인 양 소중하게/ 받아든 아주머니"의 모습에서 독자는 내일을 기약하는 희망의 온기를 느낄 수 있는 것이다.

둥구나무집 그 남자,
손전등을 켜네

실로폰 같은 마을 어귀 논바닥 위에서
귀를 쫑긋 세우고
진흙옷 갈아입은 우렁이들
순례자처럼 말없이
엎드려 있네

언젠가
풀어 놓기 위해 감아둔 나의 하늘빛

—「논길을 보다」 부분

앞서 살펴본 시 「냉장고」가 굳이 종가집 맏며느리가 아니

더라도 가사 노동에 매인 여성적 삶의 곤고함을 묵시적으로 보여주고 시 「시장 풍경」이 가정 밖의 우리 사회의 소통과 교감의 정경을 보다 따뜻한 시선으로 그리고 있다면 위의 시는 "둥구나무집 그 남자"와 논바닥에 있는 "우렁이들"과 "나의 하늘빛"을 하나로 묶는 동일성의 지향을 보여준다. "둥구나무집 그 남자"가 손전등을 켜는 순간 "논바닥 위에서/ 귀를 쫑긋 세우고/ 진흙옷 갈아입은 우렁이들"이 엎드려 있는 모습, 즉 거기에도 생명이 거주하고 있음이 드러나고 그 순간, 머잖아 새벽이 오면 다시 밝아질 하늘빛이 더불어 함께 있음을 깨닫게 된다.

"둥구나무집 그 남자"가 켜든 "손전등" 하나에 의해 어둠에 잠긴 유형의 생명(우렁이들)과 무형의 자연(하늘빛)이 하나로 묶이는 이 동일성의 확인은 인간과 자연이 각기 저마다의 형상으로 나뉘어 있을지라도 궁극적으로는 '하나'라는 깨달음으로 귀결된다. 이렇게 본다면 오명희 시의 궁극적인 주제는 바로 서정시의 본질이라 할 수 있는 동일성과 일체화의 지향임을 확인하게 된다.

## 3.

시 표현의 언술 상 오명희의 시가 대부분 묘사적 언술에 치우쳐 있음에 분명하나 관념적 언술이 드러나는 경우 그것은 거의 인간애 혹은 자연애와 같은 '사랑'의 정서가 내재하는 경우다. 시집 4부에 집중되어 있는 각종 나무들과 꽃들을 대상으로 하고 있는 시편들을 보면 그녀의 시에서 자연은 인간과 분리된 것이 아니라 하나라는 사실을 확인할 수 있다.

(가) 물빛 고요 모여든
마티재엔
몸 밖 붉은 나이테를 두른
자귀나무 올해도 넘치도록
꽃을 피웠다.

철부지 자식들
타지에 보내고
눅눅한 외로움만 남아
재 너머 찾아드는 어둠을
한껏 보듬어 준다.

바람이 새치름한
안개를 눈치껏 져 나르는 산마을

—「자귀나무」 부분

(나) 한평생
씨뿌릴 산비알을
일구던
돌담집 할아버지가
세상을 떠났다.

그가 남긴
유품은 달랑
금반지와 닳고 닳아
나이테가 사라진 골 깊은
지게, 평생의 유언들이
개구리 울음소리로 풀리는
여름밤.

—「창」 부분

시 (가)에서 자귀나무는 "철부지 자식들/ 타지에 보내고/ 눅눅한 외로움" 속에 사는, 그러면서도 "몸 밖 붉은 나이테를 두"르고 "올해도 넘치도록/ 꽃을 피"우며 사는 산마을 주민을 상징한다. 그렇듯 "산마을"은 "바람이 새치름한/ 안개를 눈치껏 져 나르는" 곳이다. 모두가 외로우니 그 "눅눅한 외로움"이 오히려 재 너머 찾아드는 어둠을 "한껏 보듬어"

줄 수 있는 것이다. 그래서인지 이 마을에서는 또 누군가가 한 생을 마치고 떠나도 자연스러운 일이 된다. 시 (나)에 나타나듯 "돌담집 할아버지가/ 세상을 떠났"고 유품이라고 해야 "달랑/ 금반지와 닳고 닳아/ 나이테가 사라진 골 깊은/ 지게" 뿐이지만 "개구리 울음소리"는 "한평생/ 씨뿌릴 산비알을/ 일구던" 할아버지의 유언처럼 풀리고 있다. 이렇듯 인간과 자연이 하나 되어 사는 마을에서 풀 한 포기 나무 한 그루는 곧 "돌담집 할아버지", 아니 마을 사람들과 하나이며 그러므로 삶과 죽음조차 하나를 이루는 것이다. 물론 「7병동 738호」나 「J 병실 이야기」처럼 내면의 고통이 심화된 시들이 없는 것은 아니나 궁극적인 정서는 동일하다고 말할 수 있다.

(가) 한여름
식욕이 풀리자
말이 없던 텃밭이 옷자락을
잡아당긴다.

불볕에 불그레진 상추잎을
어린 아이 살결인 양
미온의 지하수로 씻기고
잘 익은 빠금장에

까칠한 청양고추 다독여
만드는 쌈장

우리는 어쩌다
환상의 커플이 되었을까.

—「상추쌈」 부분

(나) 맑은 물방울이 튄다. 열 개의 손가락 끝에
어두운 기억들이 씻겨 나간다.
아래쪽에 숨어 있던 작은 종지가 불려 나오고
빈 접시가 몸을 흔든다.

드디어 목욕을 마친 빈 그릇들이
앞서거니 뒤서거니 고해성사 하듯 엎드려
보오얀 살결을 말리고 있다.

담았던 모든 것들 다 바치고
텅빈 몸으로 돌아앉은 것들 앞에
나는 내 안에 무엇을 담아야 하나.
사랑, 평화, 노래…

—「설거지」 부분

이러한 일체감은 시 (가)에서도 확인할 수 있다. 입맛이 없음을 알아차렸는지 "텃밭이 옷자락을/ 잡아당기고 그래서 텃밭에서 따온 "불그레진 상추잎을/ 어린 아이 살결인 양/ 미온의 지하수로 씻기고" 쌈장을 얹어 먹는 맛이야 얼마나 기가 막힐까. 흥미로운 것은 "우리는 어쩌다/ 환상의 커플이 되었을까" 라는 시구에서 환상의 커플은 상추와 쌈장일 수 있으나 상추쌈과 시인 자신이 될 수 있다는 점이다. 그렇듯 대지의 품에서 자란 상추와 그것을 돌본 인간이 하나가 되는 일체화의 사상은 시 (나)에서도 생생하게 드러난다.

주부의 일상사 중 하나인 설거지에는 당연히 "맑은 물방울이" 튀고 주부의 "열 개의 손가락"이 분주히 움직인다. 그러나 이 시에서 설거지는 단순한 일상사가 아니라 속죄와 고해, 정화와 수용의 종교적 의미마저 함축한다. "어두운 기억들이 씻겨 나간다"(속죄) "엎드려/ 보오얀 살결을 말리고 있다"(고해) "텅빈 몸으로 돌아앉은 것들"(정화) "나는 내 안에 무엇을 담아야 하나"(수용) 으로 이어지는 그 과정의 끝은 "사랑, 평화, 노래"다. 이처럼 설거지라는 평범한 일상의 소재를 다루면서도 인간의 속죄와 구원을 노래함은 오명희의 시가 단순한 이미지즘에 머물러 있지 않음을 증명해준다. 그리고 이러한 시적 주제가 우리에게 가져다 주는 울림은 자기성찰을 통한 영혼의 정화요, 온 가족을 향한 평화의 열망이라는 점에서 감동적이다.

이 시집은 오명희의 첫 시집이다. 첫 시집을 흔히 처녀시집이라 하는 것은 그만큼 새롭고 때 묻지 않은 새로운 세계를 담고 있음을 뜻하는 것이리라. 이미지를 시 표현기법의 중요항목으로 인식하는 이미지즘은 1930년대 우리나라에 유입된 이후 우리나라 시인들의시세계에 많은 영향을 끼쳤다. 오명희의 시가 이미지즘의 새로운 경역을 개척하고 있다고 말할 수는 없으나 적어도 객관성을 추구하며 명료한 이미지를 추구한다는 점에서 그 기본이 잘 갖추어져 있으며 앞으로 더욱 노력한다면 현재 지니고 있는 개성으로도 충분히 독창적일 수 있다는 기대로 그 앞날을 지켜보고자 한다.